CHRRRRRR

Bajki dla dzieci

Wesołe przedszkolaki

Spis treści

Zamieszanie w szatni

Jak każdego ranka w przedszkolu „Wesołe skrzaty", dzieci rozpoczęły wspólną zabawę. Basia i Agatka bawią się lalkami. Michał buduje z klocków wieżę. Karolina, Ola i Tomek robią zakupy w sklepie, a Ania jest ekspedientką.

– Uwaga, maluchy, wychodzimy na dwór – powiedziała głośno pani Aneta.

– Hurra! – zawołały dzieciaki i szybciutko udały się do szatni, aby założyć kurteczki i zmienić buty.

– Proszę pani, mój czerwony płaszczyk zamienił się w sportową kurtkę – zawołała Kasia.

– To niemożliwe – odpowiedziała pani i podeszła do dziewczynki.

– To nie moje buty, są za duże i innego koloru – powiedziała dziewczynka ze łzami w oczach.

– Proszę pani, proszę pani – zawołał Tomek – w mojej szafce zamiast adidasów znalazłem różowe kozaczki. A w dodatku nie ma mojej sportowej kurtki, tylko jakiś płaszczyk. Ja nie założę dziewczyńskich ubrań.

– Dzieci, pomyliłyście swoje szafki – odpowiedziała ze śmiechem pani Anetka.

– Kasiu, twój znaczek to czerwona parasolka w białe kropki, a twój, Tomku, to muchomor – wyjaśniła pani.

– Ojej, ale z nas gapy – zaśmiali się Kasia i Tomek.

Na szczęście zagadka się wyjaśniła. Dzieci wyszły na dwór i wesoło bawiły się na placu zabaw, każde w swoim ubraniu. A kiedy wróciły do przedszkola, pamiętały już, jakie mają znaczki na swoich szafkach.

Tuptuś w przedszkolu

Dzisiaj do przedszkola Agatka przy-niosła chomika. Dostała go na urodziny od rodziców. Dziewczynka bardzo chciała pokazać swoje zwierzątko koleżankom i kolegom.

– Jaki śliczny chomik – zawołała Ola. – Czy mogę go pogłaskać?

– A jak się nazywa? – zapytał Michał.

– Nazywa się Tuptuś – odpowiedziała z dumą Agatka. –

Możecie go pogłaskać, ale uważajcie, żeby się nie przestraszył.

– Agatko, opowiedz wszystkim, jak należy dbać o chomika. Posiadanie w domu zwierzaka to duża odpowiedzialność. Pies, kot, królik czy chomik potrzebują opieki i trzeba o tym pamiętać – powiedziała pani Aneta.

– Codziennie zmieniam mu wodę do picia i przynoszę jedzenie. Pomagam też rodzicom w czyszczeniu jego klatki – odpowiedziała dziewczynka.

– Agatko, twój chomik uciekł! – zawołała przestraszona Ola.

– O nie! Co ja teraz zrobię? – zapłakała dziewczynka.

– Nie martw się, znajdziemy go! – odpowiedziały przedszkolaki. W przedszkolu nastąpiło spore zamieszanie. Wszystkie dzieci wyruszyły na poszukiwanie Tuptusia. Okazało się, że nie ma go w dużej sali, chociaż sprawdzono każdy zakamarek. Dzieci postanowiły poszukać chomika w łazience i w szatni, ale tam też go nie było.

– Znalazłam go, znalazłam! – zawołała głośno Karolina. – Śpi sobie smacznie w łóżeczku dla lalek.

Dzieci podeszły do Karoliny. Tuptuś rzeczywiście spał sobie beztrosko i nawet nie wiedział, jakie przez niego było zamieszanie. Agatka odetchnęła z ulgą i ostrożnie włożyła zwierzątko z powrotem do klatki.

– Dziękuję, że pomogliście mi go znaleźć – powiedziała radośnie dziewczynka, a potem wszystkie dzieci zaczęły bawić się w zoo.

Spotkanie z panią pielęgniarką

Dziś w przedszkolu odbędzie się spotkanie z panią pielęgniarką. Dzieci trochę obawiały się tej wizyty.
– Na pewno ta pani zrobi nam zastrzyk – powiedział Bartek.
– Albo każe wypić jakieś niedobre lekarstwo – dodał Michał. Z tych chłopców to straszne urwisy! Nastraszyli inne dzieci. Pani pielęgniarka poprowadzi tylko zajęcia o higienie i opowie wszystkim, jak dbać o zdrowie. Nie ma się czego bać.
– Zaczynamy, moje miłe dzieci. Najważniejsze, żebyście rano i wieczorem myły zęby. Chociaż najlepiej robić to po każdym posiłku – powiedziała pani pielęgniarka. Następnie pokazała dzieciom

dwa obrazki. Na jednym były zdrowe, białe zęby, a na drugim – zęby z próchnicą. Ojej! Nikt by nie chciał mieć chorych zębów.

– Musicie też jeść dużo warzyw i owoców. One zawierają witaminy – powiedziała pani pielęgniarka i wyjaśniła, że witaminy są bardzo potrzebne, aby być zdrowym.

– A kolejna rzecz, o której trzeba pamiętać, to mycie rąk przed posiłkiem! – dodała pani. – Na rękach jest dużo bakterii, które widać dopiero pod mikroskopem. Gdy umyjemy ręce mydłem, bakterie znikną. Jeśli tego nie zrobimy, to zjemy je razem z obiadem. A wtedy może nas rozboleć brzuszek.

Przedszkolaki wzięły sobie do serca dobre rady pani pielęgniarki. Przed obiadem każde dziecko poszło grzecznie umyć rączki.

Na deser dzieci zjadły jabłka, a po skończonym posiłku wszyscy umyli ząbki. Bierzcie przykład z naszych przedszkolaków!

Poszukiwanie pani jesieni

Nastał wrzesień i zakwitły wrzosy. To pani jesień odwiedziła świat. Przechadza się po lasach i parkach w pięknej sukni, uszytej z czerwonych, żółtych i brązowych liści. Szyję jej zdobi naszyjnik z jarzębiny. W ręku trzyma koszyk z grzybami. Dookoła niej biegają wesoło rude wiewiórki, a jeże na swoich grzbietach przynoszą jej w darze czerwone jabłuszka.

– Dzieci, wybierzemy się dzisiaj do parku na spacer. Może uda nam się odnaleźć panią jesień – powiedziała pani Anetka do przedszkolaków.

Kiedy dzieci dotarły do parku, zaczęły podziwiać otaczającą je przyrodę. Drzewa były tak kolorowe, jakby ktoś pomalował je kredkami. Alejki w parku pokrywał dywan ze złoto-czerwonych liści. Ptaki świergotały radośnie, bo jeszcze nie musiały odlatywać w podróż do ciepłych krajów.

– Uwaga, maluchy, każdy z was niech teraz poszuka w parku pani jesieni – zarządziła pani Anetka.

Dzieci ruszyły na poszukiwania. Agata i Basia zebrały bukiet liści. Tomek przyniósł ze sobą kasztany, a Karolina żołędzie. Bartek i Kasia wrócili z gałązkami jarzębiny.

– Patrzcie, co znalazłem! – zawołał wesoło Michał i pokazał wszystkim czerwoną rękawiczkę. – Leżała w parku na ławce, na pewno zostawiła ją pani jesień.

– To moja rękawiczka! – zawołała Agatka.

– Och, myślałem, że to pani jesieni – powiedział Michał i oddał dziewczynce jej własność.

– Dziękuję, że ją znalazłeś. Jak ja bym wyglądała w jednej rękawiczce? – dziewczynka podziękowała koledze.

Dzieci wróciły wesoło do przedszkola. Jesienny spacer sprawił wszystkim dużą radość.

Pasowanie na przedszkolaka

– Mamusiu, jutro w przedszkolu będzie pasowanie na przedszkolaka. Przecież długo już chodzę do przedszkola. Czy nie jestem jeszcze przedszkolakiem? – zapytała Agatka.

– Pani przygotuje dla was specjalne zadania. Sprawdzi, czy

zasługujecie na tytuł przedszkolaka – wyjaśniła mama. – Jestem
pewna, że sobie poradzisz!
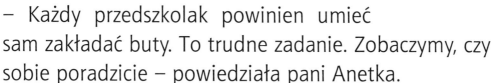
Następnego dnia pani Anetka przy-
witała uroczyście swoich podopiecznych. Dzieci były bardzo podekscy-
towane. Czy każdemu uda się zostać
prawdziwym przedszkolakiem?

– Każdy przedszkolak powinien umieć
sam zakładać buty. To trudne zadanie. Zobaczymy, czy
sobie poradzicie – powiedziała pani Anetka.

Dzieci usiadły na ławeczce i każdy zaczął samodzielnie zakładać buty. Proszę, proszę, wszystkim się udało.
Prawdziwe zuchy z tych przedszkolaków!

Następne zadanie było o wiele łatwiejsze. Karteczki
i kredki już przygotowano na stoliku. Każdy przedszkolak ma narysować swoje ulubione zwierzątko. Jakie
piękne rysunki powstały! Pieski, kotki, lwy, tygrysy,
a nawet jeden delfin pływający w wodzie.

Prawdziwy przedszkolak na pewno zna
wiele piosenek. Posłuchajmy teraz,
czego dzieci nauczyły się śpiewać
w przedszkolu. Przedszkolaki zaczęły śpiewać i tak się rozśpie-
wały, że nie chciały przestać. Pani
Anetka była dumna ze swoich
podopiecznych.

– Wszyscy zostali przedszkolakami! – ogłosiła pani i zaczęła wielką kredką pasować każdego na przedszkolaka. Potem nastąpiło uroczyste wręczenie pamiątkowych dyplomów. Na dzieci czekały też w nagrodę lody czekoladowe. Każdy maluch cieszył się, że teraz jest już prawdziwym przedszkolakiem.

W gospodarstwie ekologicznym

Wczesnym rankiem żółty autokar podjechał pod przedszkole, żeby zabrać dzieci na wycieczkę. Dokąd dziś pojedziemy? Do gospodarstwa ekologicznego! Czeka tam na przedszkolaków wiele niespodzianek. Autokar wyjechał już z miasta i mija lasy i pola. Gospodarstwo ekologiczne znajduje się na wsi. Pani gospodyni i pan gospodarz powitali wszystkie dzieci.
– Kto z was lubi mleko? – zapytała pani gospodyni. Okazało się, że wszystkie dzieci je lubią. Jednak, żeby napić się mleka, najpierw trzeba wydoić krowę. Przedszkolaki poszły do obory, gdzie stały łaciate krówki. Dzieci miały szansę samodzielnie wydoić krowę i napić się świeżego mleka.
Później pan gospodarz zaprosił wszystkich na pole. Za pomocą pługu zaczął orać ziemię. Zadaniem dzieci było zasianie nasion żyta i pszenicy. Potem, gdy zboże

urośnie i będzie gotowe do zbioru, robi się z niego chleb i bułeczki. Na szczęście gospodyni miała zapas zboża w stodole.

Przedszkolaki pomagały też gospodyni w pieczeniu chleba. Wyszedł o wiele pyszniejszy niż taki kupiony w sklepie! Następnie wszyscy udali się do kurnika, żeby zebrać jajka. Potem przedszkolaki odwiedziły chlew, gdzie mieszkały świnki. Były bardzo śmieszne, ciągle chrumkały i bawiły się w błocie.

– Poproszę mamę, żeby też upiekła chleb w domu – powiedziała Agatka.

– A ja namówię tatę, żeby kupił krowę. Świeże mleko jest takie pyszne – odparł Michał.

Jak widać, wycieczka do gospodarstwa ekologicznego była bardzo udana. Świeże powietrze i mnóstwo zwierząt dookoła – życie na wsi jest bardzo przyjemne.

Wizyta magika

Każdy dobrze wie, że wszystkie dzieci wierzą w czary. Dlatego dziś w przedszkolu chłopcy i dziewczynki czekają z niecierpliwością na przybycie pana Baltazara – arcymistrza do spraw czarów i sztuczek magicznych.

– Drogie dzieci, oto pojawił się gość specjalny. Wielkie brawa dla naszego magika! – zawołała pani Anetka.

Pana Baltazara przywitały głośne oklaski. Magik ukłonił się w stronę publiczności i z galanterią zdjął kapelusz, a tu z niego – hyc, hyc, hyc, wyskoczyły dwa króliki! Ola bardzo się zdziwiła, kiedy magik podszedł do niej i wyciągnął jej zza ucha dwie monety. Michał z Tomkiem rozbili do miseczki trzy jajka, a tu: czary-mary, hokus-pokus, jajka znów są w skorupce. Pani Anetka bardzo się ucieszyła, kiedy czarodziej wyciągnął dla niej z rękawa bukiet kolorowych kwiatków.

– Brawo, brawo – zawołały chórem przedszkolaki, klaszcząc w ręce.

– Drogie dzieci, a teraz zobaczycie najtrudniejszą sztuczkę – zapowiedział magik, po czym wszedł do małej skrzyni, w której ledwo się zmieścił.

– Abrakadabra, niech zobaczą chłopcy i dziewczynki, jak znikam z tej małej skrzynki – rozległ się głos pana Baltazara. Ola podeszła do skrzynki, otworzyła ją, a w środku ani śladu po magiku. Ale heca!

– Chcemy jeszcze więcej sztuczek! – zawołały przedszkolaki. – Czy to koniec?

Nagle pan Baltazar pojawił się na końcu sali. Jak i skąd, nikt nie wiedział.

– Nie martwcie się, moi mili, czary się jeszcze nie skończyły – powiedział magik i pokazał przedszkolakom jeszcze wiele sztuczek. A potem wyjaśnił wszystkim, jak wykonuje niektóre sztuczki, i dzieci same mogły spróbować swoich sił jako magicy.

Miś — nasz przyjaciel

Kto jest najlepszym przyja-
cielem każdego dziecka? Z kim
się zawsze można pobawić,
zabrać na wycieczkę czy
przytulić się do niego, gdy
przyjdą jakieś smutki? Tak,
zgadliście, to miś. Dnia
25 listopada obchodzimy Świa-
towy Dzień Misia. Każdy przedszkolak przyniósł dzisiaj
z domu swojego ulubionego misia. Pluszaki miały
okazję dziś poznać się ze sobą, w czasie, kiedy dzieci
brały udział w konkursie wiedzy o misiach.
– Który miś najbardziej lubi miód i jest wielkim łasu-
chem? – zapytała pani Anetka.
– Kubuś Puchatek – odpowiedziały dzieci.
– A który mieszka w parku narodowym i często zabiera
ludziom koszyki z jedzeniem?
– Jogi! – zawołały przedszkolaki.
– A polski miś z oklapniętym uchem?
– Miś Uszatek – odpowiedziały maluchy.
Okazało się, że w przedszkolu byli sami misiowi specja-
liści. Pani Anetka przygotowała dla każdego wycięte
z tektury misie. Zadaniem dzieci było dorysować
misiom ubranka. Można też było wyciąć z kolorowego
papieru kapelusz albo baryłkę z miodem. Na koniec

dzieci poszły się bawić razem ze swoimi ulubionymi misiami.

– A czy zorganizujemy Dzień Lalek? – zapytały trzy dziewczynki.

– Lepiej Dzień Samochodów – zaproponowali chłopcy. Pani Anetka powiedziała, że nad tym pomyśli. Dzisiaj jednak świętujemy jeszcze Dzień Misia.

Zabawy plastyczne

Dziś w przedszkolu można się było poczuć jak w pracowni artysty. Dla każdego dziecka naszykowana była sztaluga. A na sztalugach przygotowano białe kartki papieru. Na stoliku leżały farby o wszystkich kolorach tęczy. Idą już nasi mali artyści! Każdy ubrany był w specjalny fartuszek, aby podczas pracy nie pobru-

dzić ubranka. Jakie dzieła dzisiaj stworzą nasze przedszkolaki?

– Pani chyba o czymś zapomniała – powiedziała cicho
Karolina.

– Nie ma nigdzie pędzelków, czym mamy malować? –
zapytała Agatka.

Pani Anetka uśmiechnęła się i ogłosiła, że dzisiaj wszyscy malujemy palcami i pędzelki nie są potrzebne. Dzieci
bardzo się ucieszyły, bo jeszcze nigdy tak nie malowały!
Pani włączyła muzykę, aby wszystkim się lepiej praco-
wało. Proszę, proszę, patrzcie na ręce Michała! Całe są
zielone. Za to Kasia na każdy palec nałożyła inny kolor.
Ach, ten Tomek, już zdążył pobrudzić fartuszek nie-
bieską farbą! Dzieci, w wielkim skupieniu, malowały
i malowały. Kasia namalowała swój portret, Michaś –
wielkiego smoka, a Agatka – łąkę z kwiatami.

– Tomku, a co ty namalowałeś? – zapytała pani Anetka.

– Kotleta z ziemniakami i surówką – odparł chłopiec.

– Pani kucharka powiedziała, że właśnie to będzie
dzisiaj na obiad.

Tomek postanowił zanieść swój rysunek do kuchni i dać
w prezencie pani kucharce. Prezent bardzo się spodobał
i malowidło zawisło w przedszkolnej kuchni. Dzieci
powiedziały, że na drugi raz namalują lody, to może
pani kucharka przygotuje je na deser! Malowanie
palcami to świetna zabawa. Przedszkolakom bardzo
podobały się dzisiejsze zajęcia.

Spotkanie z panem policjantem

Kto łapie złodziei? Kto porządku pilnuje? Kto ruchem drogowym kieruje? Czy już zgadliście, jaki gość odwiedził dzisiaj przedszkolaki? Tak, to pan policjant. Przeprowadzi dzisiaj z dziećmi ciekawą rozmowę na temat bezpieczeństwa.

– Kto mi powie, w jakim miejscu można przechodzić przez ulicę? – zapytał pan Paweł.

– Tylko tam, gdzie jest zebra – odpowiedział Michał.

– Przecież zebry są w zoo i tam nie ma ulic – zdziwiła się Agatka.

Policjant wyjaśnił dzieciom, że Michaś miał rację. Zebra to inaczej przejście dla pieszych, czyli pasy. Czasami mówi się, że to zebra, bo na czarnej ulicy namalowane są białe pasy. Przypomina to trochę zebrę. Policjant zapytał dzieci, co oznaczają kolory świateł przy przejściu dla pieszych: czerwony, żółty i zielony. Wszystkie dzieci wiedziały, że na świetle czerwonym – czekamy, na żółtym – przygotowujemy się do przejścia, a na zielonym – idziemy. Oczywiście, zawsze trzeba się upewnić, że nie jedzie żaden samochód! Patrzymy najpierw w lewo, potem w prawo i znów w lewo. A gdy nic nie jedzie, śmiało można przejść przez ulicę.

– A wiecie, że każdy policjant nosi przy sobie lizaka? – zapytała pani Anetka.

– My też chcemy lizaki, poczęstuje nas pan? – zapytały dzieci.

Pan policjant roześmiał się i wyjął z torby lizaka. Okazało się, że nie był to lizak do jedzenia, tylko taki specjalny, czerwony do kierowania ruchem, gdy na przykład popsują się światła. Przedszkolaki wiele dowiedziały się dzisiaj od pana policjanta. To była naprawdę pouczająca lekcja.

Wieczór andrzejkowy

W imieniny Andrzeja, 30 listopada, obchodzimy andrzejki. Tego dnia każdy może się więcej dowiedzieć o swojej przyszłości. Pani Anetka z tej okazji zorganizowała w przedszkolu andrzejkowe wróżby. Zaproszono wróżkę Elwirę, która zna wiele starych wróżb. Może dzieciom uda się dowiedzieć, co czeka je w przyszłości?

– Każda z dziewczynek niech zdejmie but z prawej nogi – powiedziała wróżka.

Dziewczynki zdjęły buty i ustawiły je jeden za drugim, od okna aż na środek sali. Wróżba ta polegała na przekładaniu butów spod okna aż do przodu. Patrzono uważnie, który bucik jako pierwszy znajdzie się przy drzwiach. Czerwony pantofelek Agatki był pierwszy! Dziewczynka więc jako pierwsza wyjdzie za mąż. Kolejna wróżba była dla chłopców. Pani Anetka obrała jabłka dla każdego z nich. Jednak nie do zjedzenia. Chłopcy rzucali obierkami od jabłek za siebie. Kształt obierki oznaczał pierwszą literę imienia przyszłej żony.

– To chyba litera O – zawołał Michaś.

Ola i inne dziewczynki zaczęły chichotać. Kto wie, może Michaś i Ola wezmą kiedyś ślub! Na koniec każde z dzieci losowało karteczkę z przyszłym zawodem.

– O nie, ja będę hydraulikiem – powiedziała Kasia.

– Ja zostanę fryzjerem – odparł Tomek.

Wróżby wróżbami, ale Kasia z Tomkiem postanowili zamienić się wylosowanymi zawodami. Bo andrzejki to czas wróżb. Ale w te wróżby nie trzeba wierzyć. Chodzi po prostu o dobrą zabawę!

Chory kolega

Każde dziecko chce być zdrowe, ale nie zawsze wszystko układa się tak, jak byśmy chcieli. Jesienią i zimą, gdy padają ulewne deszcze albo szaleją śnieżne wichury, najłatwiej jest o przeziębienie. Katar czy kaszel to nic przyjemnego. Wtedy trzeba iść do lekarza, brać lekarstwa i leżeć w łóżku. Niestety i Bartka dopadła choroba. Chłopiec nie był od tygodnia w przedszkolu i nudzi mu się w domu. Bardzo chciałby się znów bawić z innymi dziećmi. Biedny Bartuś dostał zapalenia ucha, bo nie słuchał mamy i nie zakładał czapki na głowę.

– Proszę pani, kiedy Bartek wyzdrowieje i wróci do przedszkola? – pytały zmartwione dzieci.

– Nie wiem – odpowiedziała pani Aneta. – Ale może zrobimy wspólnie dla Bartka coś miłego, żeby wiedział, że o nim pamiętamy – zaproponowała pani.

– Może narysujmy dla Bartka laurkę – zaproponowały Kasia z Agatką.

– Tak, to świetny pomysł – powiedziały przedszkolaki i każdy wziął do ręki kredkę. I już powstają piękne rysunki. Kwiatki, motylki, uśmiechnięte słoneczko. Rysowanie to takie ciekawe zajęcie. I już laurka gotowa. A w środku życzenia dla Bartka, aby szybko wracał do zdrowia.

– My zaniesiemy laurkę Bartkowi, mieszkamy niedaleko – zgłosili się Tomek z Michałem.

– Bardzo ładnie z waszej strony, chłopcy. Bartek na pewno bardzo się ucieszy z niespodzianki i odwiedzin – pochwaliła dzieci pani Anetka.

Zabawa z komputerem

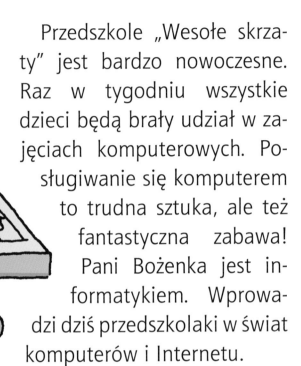

Przedszkole „Wesołe skrzaty" jest bardzo nowoczesne. Raz w tygodniu wszystkie dzieci będą brały udział w zajęciach komputerowych. Posługiwanie się komputerem to trudna sztuka, ale też fantastyczna zabawa! Pani Bożenka jest informatykiem. Wprowadzi dziś przedszkolaki w świat komputerów i Internetu.

– Witam wszystkich sedecznie na pierwszych zajęciach komputerowych – powiedziała pani Bożenka, a przedszkolaki usiadły przy komputerach.

Komputery były już włączone i gotowe do pracy.

– Każdy niech weźmie myszkę do ręki i kliknie na ikonę ze słoneczkiem – powiedziała pani Bożenka.

– Ale ja boję się myszy – powiedziała Agatka i schowała się za koleżanką.

– To nie jest prawdziwa mysz – powiedział Bartek, który już trochę znał się na komputerach.

Gdy dzieci klikněły na ikonę ze słoneczkiem, otworzył się program z kolorowankami. Każdy wybrał obrazek, który chciał pokolorować. I wcale nie były potrzebne do tego kredki! Wystarczyło kliknąć na wybrany kolor. Potem w Internecie przedszkolaki weszły na stronę internetową warszawskiego zoo. Można było zobaczyć wszystkie zdjęcia zwierząt, które się tam znajdowały. Lecz nagle na komputerze Kasi pojawiły się kolorowe wzorki i ani śladu po zwierzątkach z zoo.

– Proszę pani, popsułam komputer – zawołała przestraszona Kasia.

– Nie martw się. To tylko wygaszacz ekranu – powiedziała pani. – Gdy długo nie ruszasz myszką, komputer wtedy odpoczywa. Naciśnij jakikolwiek klawisz i możesz wrócić do zabawy. Komputer płata nam różne figle!

Przedszkolakom bardzo podobały się zajęcia. Jednak dzieci musiały się jeszcze wiele nauczyć o komputerze.

U fryzjera

Mama odebrała dzisiaj Olę wcześniej z przedszkola, ponieważ chciała zabrać ją do fryzjera. Dziewczynka nie była zadowolona z tego powodu. Obawiała się, że fryzjer obetnie jej wszystkie włosy. I jak Ola by wtedy wyglądała? W dodatku te nożyczki, którymi fryzjer strzyże włosy, są takie wielkie! Dziewczynka bardzo się ich bała. Nie wiedziała, czemu jej mama tak często chodzi do fryzjera. Przecież to zupełnie nic przyjemnego.

– Olu, przestań się dąsać. Musimy iść do fryzjera. Trzeba podciąć trochę włosy, żeby były zdrowe – powiedziała mama.

– Oj, mamo, ja bardzo nie chcę tam iść – odpowiedziała Ola.

W końcu jednak mamie udało się przekonać Olę i poszły do salonu fryzjerskiego dla dzieci. Pani fryzjerka przywitała Olę z wielkim uśmiechem i posadziła ją na specjalnym fotelu. Fryzjerki często mają niezwykłe fryzury. Tym razem pani z salonu zadziwiała wszystkich różowo-niebieskimi włosami.

– Chcę mieć takie włosy, jak pani fryzjerka – uparła się Oleńka.

– Hm, może kiedyś, córeczko, jak będziesz dorosła. Ale jeszcze nie teraz – odparła mama.

Przyjemnie było w salonie fryzjerskim. Najpierw pani umyła Oli włosy pachnącym szamponem. Potem, gdy je obcinała, dziewczynka oglądała śmieszną bajkę o dwóch wiewiórkach, które wybrały się do fryzjera, podobnie jak Ola! Ale to było zabawne. Nożyczek nie trzeba było się bać, bo obcinanie włosów nic a nic nie boli. Na koniec pani fryzjerka wysuszyła dziewczynce włosy i, proszę bardzo, fryzura gotowa.

– Bardzo mi się tu podobało, dziękuję pani – pożegnała się Ola. I postanowiła teraz częściej przychodzić do fryzjera.

Spotkanie ze Świętym Mikołajem

Nadszedł czas Bożego Narodzenia. Za oknem od paru dni padał śnieg. Biały puch ozdobił wszystkie drzewa. Sople lodu zwisały z dachów. Dzieci rano ulepiły bałwana, który stoi teraz na podwórku, dumny ze swojego dużego, marchewkowego nosa. W przedszkolu dzieci ubrały choinkę. Wyglądała pięknie, przystrojona w kolorowe bombki, aniołki i złoty łańcuch. Pani Anetka na czubku choinki zawiesiła gwiazdkę. Czy słyszycie, jak dzwonią dzwonki? Kto to do przedszkola się zbliża? Czyżby Święty Mikołaj? Dobrze zgadliście.

– Ho, ho! Wesołych świąt! – głośno przywitał się Święty Mikołaj.

– Dzień dobry, Święty Mikołaju – zawołały wesoło przedszkolaki.

– Przyjechałem do was aż z Laponii. Przywiozłem wam dużo prezentów. Czy byłyście grzeczne? – zapytał Mikołaj i podrapał się po białej brodzie.

– Tak, byłyśmy bardzo grzeczne – odpowiedziały dzieci.

Przedszkolaki przygotowały dla Mikołaja przedstawienie. Każde dziecko zaśpiewało piosenkę i powiedziało wierszyk. Na prezent trzeba zasłużyć! Tylko Bartek wydawał się jakiś smutny. Wczoraj pokłócił się z bratem i nie posłuchał mamy, kiedy poprosiła, aby posprzątał w pokoju. Chłopiec obawiał się, że dostanie od Mikołaja rózgę. Dzieci podchodziły do Mikołaja, a on wręczał im prezenty. Ania z Olą dostały lalki, Michał – czerwony samochód, a Karolina – pluszowego królika. Bartuś też dostał prezent od Mikołaja i obiecał, że od dzisiaj postara się być grzeczny. Teraz dzieci muszą czekać cały rok na kolejne spotkanie ze Świętym Mikołajem.

Karmnik dla ptaków

Bartek poprosił swojego tatę, aby pomógł mu zbudować karmnik dla ptaków. Przedszkolaki bardzo chciały zaopiekować się tej zimy ptakami z okolicy i przynosić im różne smakołyki do jedzenia. Tata Bartka naszykował drewniane deseczki, a ze skrzynki z narzędziami wyjął młotek. Stuk puk, stuk puk i po godzinie karmnik był gotowy. Następnego dnia Bartek z dumą przyniósł go do przedszkola. Dzieciom bardzo się podobał, bo był duży i miał piękny dach. Przedszkolaki zastanawiały się, co można dać ptaszkom do jedzenia. Przecież ptaki nie jedzą słodyczy ani kanapek.
– Każdy ptak lubi co innego – wyjaśniła dzieciom pani Anetka. – Niebiesko-żółte sikorki najbardziej lubią jeść ziarna słonecznika. Małe czarne ptaszki, podobne do wróbelków, to kosy. Im smakują suszone owoce.

Wróbelki z chęcią zjedzą na śniadanko nasiona zbóż. Na tłustą słoninę skusi się i dzięcioł, i sikorka.

Proszę, proszę, kolejnego dnia karmnik zawisł na drzewie. W środku przygotowano prawdziwą ucztę dla naszych skrzydlatych przyjaciół! Nie trzeba było długo czekać na przybycie pierwszych zgłodniałych ptaków. Dzieci mogły obserwować z okna przedszkola, jak zlatują się sikorki, wróble i kosy. Kto wie, może uda się też dostrzec dzięcioła albo jeszcze inne ciekawe ptaszki...

Nowy przedszkolak

Do przedszkola „Wesołe skrzaty" przyszedł nowy chłopczyk. Ma na imię Chao i pochodzi z bardzo daleka, bo aż z Chin. Chao różni się wyglądem od innych dzieci. Ma inny odcień skóry i skośne oczy. Nie jest to nic dziwnego, bo na całym świecie jest mnóstwo dzieci i nie wszystkie wyglądają tak samo. A wiecie, co łączy dzieci z różnych zakątków świata? Wszystkie bardzo lubią zabawę: gry planszowe, lalki, klocki, berka i zabawę w chowanego. Ale gdy Chao przyszedł do przedszkola, od razu schował się w kąciku. Nie znał tu nikogo i obawiał się, że będzie czuł się samotny.

– Dzieci, poznajcie nowego kolegę – powiedziała pani Anetka. – Powiedz wszystkim, jak masz na imię – poprosiła chłopca.

– Nazywam się Chao – powiedział nieśmiało chłopiec.

– Cześć – odpowiedziały przedszkolaki i już Michał z Bartkiem przynieśli samochodziki, aby pobawić się z nowym kolegą. Potem Agatka z Olą zaprosiły Chao, aby spróbował tortu, który upiekły w zabawkowej kuchence.

– Może teraz coś pośpiewamy? – zaproponowała pani.

– Ja znam ładną piosenkę – odparł wesoło Chao i zaczął śpiewać w bardzo dziwnym języku. Wszystkie dzieci słuchały uważnie. Piosenka bardzo im się podobała, chociaż nic z niej nie rozumiały. Maluchy poprosiły Chao, aby zaśpiewał jeszcze raz i jeszcze raz. Później przedszkolaki zaśpiewały dla nowego kolegi piosenki poznane w przedszkolu.

Gdy Chao wrócił do domu, opowiedział rodzicom, jak ciekawie spędził czas i jak miłe dzieci poznał w przedszkolu.

Teatrzyk w przedszkolu

Dziś do przedszkola przyszli bardzo ciekawi goście. Kolorowy pajacyk, robiący śmieszne miny, żółta kaczuszka i samochodzik. Przybysze chcieli pograć w piłkę, którą przywieźli ze sobą. Kaczuszka bała się jednak, że ma za krótkie skrzydełka, aby złapać piłeczkę. Wtem samochodzik niechcący przejechał po piłce. Bum, i piłka pękła! Pajacyk śmiał się z tego wszystkiego, aż mu czapka spadła z głowy.

– Ale śmieszne przedstawienie – powiedziały rozbawione dzieci.

Tak naprawdę postać pajacyka, kaczuszki i samochodziku grali aktorzy kukiełkowi. Przybyli oni do przedszkola, by odegrać dla dzieci przedstawienie teatralne. Teraz maluchy same miały odegrać przedstawienie. Rozdano stroje, peruki i rekwizyty. Michaś, Tomek i Ola przebrali się za drzewa. Agatka była słońcem, Karolina wiatrem, a Basia chmurką deszczową. Gdy słońce świeciło dookoła, drzewa stały nieruchomo. Nagle na scenę weszła Basia przebrana za chmurkę i zasłoniła Agatkę. Karolinka, będąca wiatrem, zaczęła szybko biegać, aż drzewa zakołysały się niespokojnie. Jaka wielka przyszła wichura, drzewa się prawie poprzewracały.

– W domu często bawię się w aktora – powiedział Tomek.

– Kogo grasz? – zapytały dziewczynki.

– Udaję, że śpię. A gdy rodzice wychodzą z pokoju, bawię się samochodzikami – odparł Tomek.

Z tego chłopca jest naprawdę wielki rozrabiaka! Przedszkolaki do końca dnia bawiły się w teatr. Bycie aktorem to wspaniała zabawa!

Wizyta u stomatologa

Wczoraj w przedszkolu na podwieczorek podano pyszne ciasto czekoladowe. Dzieci jadły smakołyk z takim apetytem, że aż im się uszy trzęsły.

– Mój ząb, boli! – zawołał nagle Michał, trzymając rękę na policzku.

– Musisz iść koniecznie do stomatologa – powiedziała pani Anetka, bo bardzo się troszczyła o zdrowie chłopca. I dzisiaj Michał razem z tatą czekał w kolejce do stomatologa dla dzieci. Przed wejściem witał wszystkich wielki, biały ząbek. Trzymał on szczoteczkę do mycia zębów i zachęcał wszystkie dzieci, aby myły zęby jak najczęściej. Michaś pomyślał sobie, że może dlatego go boli, bo często unikał wieczornego mycia zębów.

– Wrr, wrr, wrr – rozległ się dźwięk wiercenia z gabinetu dentystycznego.

– Boję się – wyszeptał Michał tacie do ucha.

Tata powiedział mu, że to wcale tak bardzo nie boli. Pokazał mu też młod-

sze dzieci, które siedziały w poczekalni. Jako starszy, powinien dać innym dobry przykład i odważnie wejść do gabinetu. Gdyby Michaś zaczął płakać, maluchy pewnie też by się rozpłakały. A przecież ząbki bolą i trzeba je wyleczyć! Michał wszedł więc dzielnie do gabinetu pani stomatolog. Usiadł na specjalnym krześle. Pani znalazła dziurkę, która zrobiła się Michałowi w zębie. Powierciła, popsikała płynem, założyła małą plombę i już koniec wizyty. A w dodatku, gdy było już po wszystkim, Michał dostał odznakę „dzielny pacjent" i z dumą wyszedł z gabinetu. Nie było się czego bać!

Młodsza siostrzyczka

Basia nie bawiła się dzisiaj z innymi dziećmi. Siedziała sama w kąciku i malowała coś na kartce. Cóż to za rysunek? Dziewczynka narysowała mamę i tatę, którzy spacerują z wózkiem po parku. Z wózka wygląda mała główka bobasa. Za nimi zaś samotnie szła Basia.
– Basiu, czemu nie bawisz się dzisiaj z nami? – zapytały dziewczynki.
– Coś się stało? – zaniepokoili się Bartek z Michałem.
Okazało się, że Basi niedługo urodzi się siostrzyczka! Dziewczynka obawiała się, że teraz rodzice przestaną się

nią zajmować. Takim maluchem przecież się trzeba ciągle opiekować! Mamie i tacie już pewnie nie wystarczy czasu na zabawę z Basią.

– No coś ty, przecież fajnie jest mieć rodzeństwo! – zawołała Agatka. – Ja ze swoją młodszą siostrą ciągle się bawię. Czasami się też kłócimy. Ale bez niej byłoby mi nudno.

A Bartek ma starszego brata. Razem grają w piłkę na podwórku, a w domu wspólnie oglądają bajki. Brat opiekuje się Bartkiem, gdy rodziców nie ma w domu. Zawsze można na niego liczyć. Kiedy Basia to usłyszała, od razu się rozpromieniła.

– Też się będę bawić z moją siostrą i pomogę rodzicom się nią opiekować – zawołała wesoło.

Koledzy i koleżanki z przedszkola przekonali dziewczynkę, że mieć siostrę czy brata to wielkie szczęście. Z rodzeństwem zawsze można miło spędzić czas.

Nowa pani

Do przedszkolaków przyszła dzisiaj pani dyrektor. Okazało się, że pani Anetka jest chora i nie będzie jej w przedszkolu przez najbliższy czas. Dzieci bardzo się zaniepokoiły, bo lubiły swoją panią. Dzisiaj miały odbyć się zawody sportowe. Kto je poprowadzi, skoro nie ma pani Anetki? Kto się teraz będzie opiekować przedszkolakami?

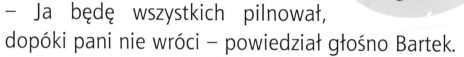

– Ja będę wszystkich pilnował, dopóki pani nie wróci – powiedział głośno Bartek.

– A my poprowadzimy zajęcia sportowe – zgłosiły się Ola z Kasią.

– To bardzo miło z waszej strony, ale na jakiś czas na zastępstwo przyjdzie pani Marlena – oznajmiła dzieciom pani dyrektor.

Dzieci wolałyby, aby pani Anetka się z nimi bawiła. Ale może zajęcia z nową panią będą równie ciekawe? Pani Marlena przywitała się z dziećmi. Powiedziała, żeby o nic się nie martwiły i że zabawy sportowe zaraz się rozpoczną. Przedszkolaki podzieliły się na drużyny. Najpierw każdy miał trafić piłką do kosza. Potem maluchy, za pomocą specjalnej piłki, próbowały przewrócić jak najwięcej kręgli. Później odbyły się wyścigi.

Co za emocje! Kto pierwszy dotrze do mety? Wszyscy bardzo dobrze się bawili. Okazało się, że pani Marlena jest bardzo sympatyczna i zna się na przedszkolnych zabawach.

Po pewnym czasie do przedszkola wróciła pani Anetka. Była już całkiem zdrowa i bardzo stęskniona za dziećmi. Przedszkolaki też ucieszyły się z jej powrotu.

Bal karnawałowy

Przechodnie na ulicy są dzisiaj bardzo zdziwieni. Do przedszkola, zamiast dzieci, przybywają kolorowi przebierańcy. Wszyscy chyba zapomnieli, że to czas karnawału! A w przedszkolu już za moment rozpocznie się wielki bal. Proszę, proszę – oto przybyła księżniczka ze złotą koroną, w różowej sukni. A za nią już idą dwie wróżki i w rękach trzymają różdżki. Może kogoś zaczarują? Jak tu śmiesznie! Dzielny rycerz w srebrnej zbroi gra w berka z krokodylem. A któż to? Na miotle przyleciała mała czarownica z wielkim nosem. Jest i muchomorek, Smok Wawelski, pani zima oraz Zorro w czarnej masce. Sala jest pięknie przystrojona w serpentyny i balony, a na stole przygotowano dla przedszkolaków przepyszne słodkości.

– Wszyscy goście już przybyli, do stracenia nie ma

chwili, zapraszamy więc do tańca dziś każdego prze-
bierańca! – zawołał pan wodzirej, rozpoczynając bal.

Po kilku tańcach został ogłoszony konkurs na najcie-
kawsze przebranie karnawałowe. Wielkie było poru-
szenie wśród księżniczek, wróżek, rycerzy i innych
przebierańców. Każdy bardzo chciał wygrać. Niespo-
dziewanie na balu pojawiła się pani Anetka. Wszystkich bardzo zaskoczyła swoim przebraniem. Włosy
miała zaplecione w dwa warkocze, przewiązane czer-
wonymi kokardami. Ubrana była w sukienkę w zielone groszki, a w ręku trzymała pluszowego misia.
Pani Anetka przebrała się za małą dziewczynkę! Ale
heca! Dzieci radośnie przyznały, że konkurs na naj-
ciekawszy strój wygrywa pani nauczycielka. Zaczęła
grać muzyka i wszystkie dzieci razem tańczyły
i wyśmienicie się bawiły.

Niesforny przedszkolak

Do przedszkola przyszedł dzisiaj nowy chłopczyk, który ma na imię Karol. Dzieci chciały się z nim zaprzyjaźnić. Tomek zaproponował, że mogą zbudować razem garaż z klocków. Jednak Karol niszczył wszystko, co tylko Tomek wybudował. To nie była fajna zabawa.

– Proszę pani, Karol ciągnie mnie za włosy – zawołała nagle Agatka.

– Proszę pani, a Karol zabrał mi lalkę – poskarżyła się mała Ola.

– A mnie kopnął – powiedział Michaś.

Co się dzieje z tym Karolem? Dlaczego jest taki niegrzeczny i dokucza innym dzieciom? Przecież to bardzo nieładnie! I teraz przedszkolaki nie chcą się z nim bawić. Pani Anetka postanowiła dać chłopcu karę. Karol siedział teraz sam na krześle i bardzo się nudził. A przedszkolaki znów bawiły się razem wesoło.

– Czy będziesz już miły dla swoich koleżanek i kolegów? – zapytała Karola pani Anetka.

– Będę grzeczny – obiecał chłopczyk.

Karol czuł się trochę zawstydzony, że ciągnął Agatkę za włosy i zabrał Oli lalkę. Michasia też nie powinien kopać. Ale był nowy w przedszkolu i nie wiedział, jak zaprzyjaźnić się z rówieśnikami. Karol postanowił przeprosić koleżanki i kolegów. Dzieci przyjęły przeprosiny i postanowiły dać Karolowi jeszcze jedną szansę. Od tego czasu chłopczyk był już grzeczny i nie sprawiał nikomu przykrości.

Pokaz mody

Przedszkole „Wesołe skrzaty" ma zaszczyt zaprosić wszystkich rodziców, babcie, dziadków, ciocie i wujków na pokaz mody. Przedszkolaki zaprezentują stroje wieczorowe, letnie, wiosenne, jesienne oraz zimowe. Widownia czeka z niecierpliwością na

rozpoczęcie pokazu mody. Proszę państwa, i oto na wybieg wychodzą dziewczynki, bardzo wystrojone. Suknie jedwabiste, długie, ciągną się za nimi po wybiegu. Na głowach mają kolorowe kapelusze. W takich strojach damy chodzą do teatru. Brawo! Brawo!

Wtem na wybieg wychodzi Michał w białej koszuli i w krawacie pożyczonym od taty. Cóż za elegant z tego małego chłopca. Tomek w ogrodniczkach i z konewką, wybiera się chyba do ogrodu podlewać kwiaty. Agatka, ubrana w jesienny płaszczyk i beret, z wielką gracją przeszła po wybiegu. Bartek z żółtą parasolką i w kaloszach prezentował strój na deszczową pogodę. Udawał, że skacze przez kałuże. Ale dlaczego Kasia, ubrana w zimowe futro i kozaki, nie chciała wyjść na scenę, jak inne dzieciaki?

– Kasiu, teraz twoja kolej – powiedziała pani Anetka.

– Ale ja się bardzo boję – odpowiedziała dziewczynka.

– Nie bój się. To tylko zabawa. Weź głęboki wdech, uśmiechnij się i wyjdź na scenę. Oto moja rada – odparła pani Anetka.

Kasia wahała się chwilę, po czym założyła na głowę puchową czapkę. Niech każdy się dowie, jak należy ubierać się zimą! Dziewczynka przeszła po wybiegu jak prawdziwa modelka. Wszyscy zaczęli klaskać z podziwu. Kasia pomyślała, że nie warto się wstydzić. Jeżeli będziecie odważni, to możecie innych zadziwić swoim talentem!

Pierwszy dzień wiosny

W dniu 21 marca obchodzimy pierwszy dzień wiosny. Dziś z tej okazji przedszkolaki założyły ubrania w zielonym kolorze. Nawet pani Anetka włożyła zieloną sukienkę, ozdobioną kwiatkami. Od tej zieleni dookoła wszystkim zrobiło się weselej. Od razu było widać, że przyszła wiosna! Nawet słońce świeciło za oknem, więc dzieci wyszły na podwórko. Śnieg pokrywał jeszcze ziemię, ale już gdzienie-gdzie można było zobaczyć trawę. Ptaki zaczynały wracać z dalekich krajów. W pobliskim zoo niedź-wiedzie powoli budziły się z zimowego snu. Przed-szkolaki wyszły na dwór, aby poszukać oznak nadchodzącej wiosny.

– Proszę pani, a jakie są oznaki wiosny? Czego mamy szukać? – zapytały dzieci.

– Rozejrzyjcie się, czy nie kwitną już przebiśniegi? To takie białe kwiatki, które wyrastają spod śniegu. Może odnajdziecie też fioletowe krokusy. Patrzcie też uważnie na drzewa. O tej porze roku powinny pojawić się na gałązkach bazie, nazywane czasem kotkami.

Dzieci ruszyły na poszukiwania. Udało się im odnaleźć dwa przepiękne przebiśniegi. Nawet fioletowy krokus zakwitł w przedszkolnym ogródku. Jednak kotków nigdzie nie było!

– Szkoda, że nie mamy mleka – powiedziała Ola.

– Wtedy na pewno byśmy znaleźli jakiegoś kotka – stwierdził Bartek.

– Kici, kici – wołały Agatka z Kasią.

– Proszę pani, nigdzie nie ma żadnych kotków – powiedziały dzieci.

Pani uśmiechnęła się i wytłumaczyła wszystkim, że nie chodzi o prawdziwe koty. Kotki to takie puchate, białe kulki, pokrywające gałązki drzew. Potem pojawiają się listki.

– A my szukaliśmy prawdziwych kotków – zaczęły śmiać się dzieci i cała grupa w wesołym humorze wróciła do przedszkola.

Wycieczka do stadniny koni

 Wycieczka do stadniny koni, to nie lada atrakcja! Dzieci nie mogły się doczekać tej wyprawy. A kiedy już wsiadły do autokaru, wierciły się niecierpliwie i co chwila pytały panią, czy długo jeszcze będzie trwała podróż:

– Czy daleko jeszcze? Czy już dojeżdżamy?

W końcu udało się dotrzeć na miejsce. Przedszkolaki zobaczyły wielką stajnię i już z daleka dało się słyszeć: „ihaha, ihaha". Konie pewnie miały ochotę pobiegać po łące, po lesie albo chociaż po wybiegu. Dzieci weszły do stajni. Ile tam było koni! Czarne, rude, brązowe, białe. Klacze, ogiery oraz śliczne małe źrebaczki. Przedszkolaki były po prostu zachwycone. Każdy mógł pogłaskać konika, a także go nakarmić.

– Jak myślicie, co najbardziej lubią jeść konie? – zapytał właściciel stajni.

– Myszy? – spytała Kasia.

– Muchy! – odparł Bartek.

– Konie najbardziej lubią jeść marchewkę, owies, jabłka, a na deser kostki cukru – wyjaśnił właściciel stajni.

Potem dzieci miały okazję przejechać się na kucykach. Najpierw jednak trzeba założyć toczek na głowę, by ochronić się w razie upadku. Później wszystkie przedszkolaki wsiadły do bryczki i pojechały na wycieczkę po okolicznym lesie.

– Niech każdy teraz weźmie sobie na pamiątkę małą podkowę – powiedział właściciel stajni.

– Ale po co nam podkowy? Przecież my nie mamy koni – zdziwiły się dzieci.

Pani Anetka wytłumaczyła dzieciom, że podkowa przynosi szczęście. Zmęczone, ale bardzo zadowolone dzieci wróciły do przedszkola.

Na placu zabaw

Dzisiaj pięknie zaświeciło słoneczko. Uśmiechając się do wszystkich dzieci, słońce zaprasza je do wyjścia na plac zabaw. Kolorowe kwiaty i zielona trawa również zachęcają do wyjścia na świeże powietrze. Przedszkolaki razem z panią wyszyły więc na podwórko. Dzieci zaczęły wesoło biegać wokół drzew i krze-

wów, bawiąc się w berka. A któż to taki piękny zamek w piaskownicy zbudował? Kto się tyle napracował? To dzieło Oli i Tomka.

A dlaczego Karolina ukrywa się za drzewem? Michaś schował się za ławką, a Kasia za huśtawką. Jak to, nie wiecie? To przedszkolaki bawią się w chowanego: jedni szukają, inni się ukrywają. Jak tu dziś wesoło, kolorowo i gwarno! Niestety, nagle zabawa ustała. Małej Oli zgubił się miś, bez którego dziewczynka nie ruszała się ani na krok!

– Bawimy się teraz w detektywa, kto znajdzie misia ten wygrywa – powiedziała pani. Przedszkolaki dzielnie szukały zguby. Na karuzeli misia nie było. W drewnianym domku nie pił herbatki z lalkami. Nie jeździł też ciężarówką Michała ani nie podlewał kwiatków w ogródku. Długo misia szukano.

– Znalazłam – zawołała w końcu Karolinka.

Dla przedszkolaków była to wspaniała nowina. Okazało się, że miś został w przedszkolu. Na śniadanie podano kanapki z miodem, a co robił miś cały dzień, tego wam dziś nie powiem... Pamiętajcie o tym maluchy, że z misiów są wielkie łasuchy!

Na basenie

Każdy przedszkolak, zanim pójdzie na basen, powinien sprawdzić, czy spakował do plecaka wszystkie potrzebne rzeczy. Najważniejsze, to pamiętać o stroju kąpielowym i o czepku – basenowym nakryciu głowy. Ręcznik też jest potrzebny, aby osuszyć się z wody. Jeszcze tylko klapki i możemy wyruszyć na basen! Pływanie to nie takie proste zadanie, dlatego dzieci będzie uczył pływać pan ratownik Tomek.
– Dzień dobry, dzieci – przywitał się ratownik. – Zapraszam, wchodzimy wszyscy do wody.
Pan Tomek najpierw poprowadził rozgrzewkę. Wszyscy skakali w wodzie jak piłeczki, żeby im nie było zimno. Potem maluchy zrobiły kilka pajacyków i każdy był

gotowy do przeżycia wodnej przygody.

– Proszę pana, my boimy się pływać – powiedziały Ola z Basią.

– Nie ma się czego bać, dziewczynki, będę was pilnował – odparł ratownik. – Proszę, załóżcie specjalne dmuchane rękawki. Pomogą wam unosić się na wodzie – wytłumaczył ratownik i podał dziewczynkom czerwono--zielone dmuchane rękawki. Ola z Basią od razu poczuły się pewniej. Po pierwszej lekcji nauki pływania pan Tomek pozwolił dzieciom iść na zjeżdżalnię. To była największa atrakcja na tutejszym basenie. Inne przedszkolaki poszły grać w piłkę wodną. Dzieci nie mogły się doczekać kolejnej wizyty na pływalni.

Prima aprilis

Wydawało się, że to będzie zwyczajny dzień. Dzieci przyszły do przedszkola, zjadły śniadanie, a potem zaczęły się bawić. Gdy zrobiła się ładna pogoda, przedszkolaki wyszły na podwórko, a panie kucharki gotowały już dla nich obiad.

– Proszę pani, proszę pani, a Michał zjadł żabę! – powiedziały dzieci do pani Anetki.

Następnie przyszedł Bartek i zawołał, że widział krasnala w przedszkolnym ogródku. Agatka poskarżyła się na Tomka, że próbował obciąć jej warkocze. Co się dzieje z tymi dziećmi? Co to dzisiaj za wielkie zamieszanie?

– Proszę pani, siedzi pani na świeżo pomalowanej ławce – zauważyła nagle Ola.

– O! Sukienka cała się pofarbowała na czerwono – dodała Kasia.

Pani Anetka zerwała się z ławki, ale ławka wcale nie była świeżo pomalowana. Pani bardzo się temu wszystkiemu dziwiła.

– Co to wszystko ma znaczyć? – zapytała surowo.

– Prima aprilis! – zawołały chórem przedszkolaki.

Oczywiście, przecież dzisiaj jest 1 kwietnia! Dzień żartów. Właśnie tego dnia każdy może zrobić psikusa drugiej osobie. To bardzo, bardzo stara tradycja.

Pani Anetka zapomniała, że dzisiaj jest prima aprilis i dała się nabrać przedszkolakom. Gdy wszyscy wrócili na obiad, pani kucharka oznajmiła dzieciom, że dziś na drugie danie będzie tylko szpinak.

– O nie... – zawołały chórem dzieci, bo nie przepadały za szpinakiem.

– Prima aprilis! – powiedziała pani kucharka i wszyscy zaczęli się śmiać.

Oj, przedszkolaki też się dały dziś nabrać. Ciekawe, jakie psikusy przygotują dzisiaj dzieci swoim rodzicom? Prima aprilis to bardzo śmieszny dzień!

Kwietniowa pogoda

Nastał kwiecień. Dookoła kwitną kwiaty, trawa się zieleni, słońce świeci wysoko na niebie. Taka ładna dziś pogoda, wymarzona do zabaw na świeżym powietrzu. Jednak gdy tylko pani Anetka

wyszła z przedszkolakami na podwórko, zaczął padać śnieg! Dzieci były bardzo zdziwione, bo przecież zima już dawno minęła. Każdy schował szaliki i rękawiczki na dno szafy, a sanki i narty – do piwnicy. A tu taka heca! Pada śnieg! Dzieci wróciły więc do przedszkola i zaczęły bawić się w sali.

– Proszę pani, znów świeci słońce – powiedziała Ola po jakimś czasie.

– Może jednak wyjdziemy na dwór? – zapytał Michał. Pani zgodziła się i wszystkie przedszkolaki udały się do szatni, aby się przebrać. Dzieci wyszły na podwórko. Ojej, na niebie gromadzą się czarne chmury! Zaraz lunie deszcz.

I rzeczywiście, po chwili zaczęła się ulewa. Wszyscy czym prędzej wrócili do przedszkola. A za jakiś czas znów wyszło słońce.

– Chyba zapomnieliśmy, że mamy kwiecień – powiedziała ze śmiechem pani Anetka.

– W kwietniu przecież jest bardzo ładna pogoda i nie ma śniegu – odpowiedziały dzieci.

Myliły się przedszkolaki. Jest nawet takie polskie przysłowie: „Kwiecień plecień, bo przeplata, trochę zimy, trochę lata". Dlatego w kwietniu i śnieg pada, i słońce świeci, taki już jest ten miesiąc. Lubi robić nam psikusy!

Wizyta w straży pożarnej

Przedszkolaki złożyły dzisiaj wizytę miejscowej straży pożarnej. Pan strażak, ubrany w strój służbowy, przywitał się z dziećmi. Na głowie miał czerwony kask ochronny, a reszta stroju składała się z czarnej kurtki i czarnych spodni. Na kurtce widniał wielki napis: STRAŻAK. Na nogach zaś miał gumowe buty.

– Czy wiecie, drogie dzieci, czym zajmują się strażacy? – zapytał pan Ryszard.

– Strażacy gaszą pożary – odpowiedziały dzieci.

Pan Ryszard opowiedział gościom więcej o swojej pracy. Oczywiście, główne zadanie strażaków to gaszenie pożarów. Czasami gasi się je wodą, a czasami specjalną pianą. Jednak strażacy mają też inne ważne zadania. Na przykład pomagają usunąć połamane drzewa po wichurze. Czasem też, gdy jakiś samochód ma poważny wypadek, strażacy pomagają pasażerom wydostać się z pojazdu.

Podczas wycieczki dzieci mogły obejrzeć wóz strażacki. Był duży, cały czerwony, a na dachu miał bardzo długą, srebrną drabinę. Przedszkolaki weszły do środka, aby wszystko dokładnie obejrzeć. Gdzie zniknęli nagle Michaś z Tomkiem? Chłopcy pobiegli do leżącego na trawniku węża strażackiego. Michaś zaczął odkręcać kran, a Tomek dzielnie trzymał wąż. Z tego nie mogło wyniknąć nic dobrego!

– A, proszę pani! –
zaczęły krzyczeć
dziewczynki, które
właśnie zostały
ochlapane wodą
tryskającą z węża
strażackiego.
Och! Cóż to za
urwisy z tych
chłopców! Nie można
tak oblewać nikogo zimną
wodą. Pan Ryszard jednak
przyznał, że z tych
chłopców byliby
kiedyś dobrzy strażacy...

Koleżanka Dorotka

W maju jest bardzo ładna pogodna. Słońce świeci, kwitną fioletowe bzy, ptaszki świergoczą wesoło. Dziś na podwórko wyszły wszystkie przedszkolaki – i maluchy, i starszaki. Grano w piłkę, w berka i w chowanego. Na zabawie każdemu miło płynął czas. Dziewczynki z młodszej grupy bawiły się na ławce lalkami.

– Patrzcie na tamtą dziewczynkę – powiedziała Karolina, wskazując gdzieś palcem.

– Co ona ma za uszami? – zapytał Tomek.

– Może zapytamy panią? – zaproponowała Agatka.

Dzieci poszły do pani Anetki i zapytały, co to za dziwne urządzenie, które tamta dziewczynka ma za uszami.

– Ona nazywa się Dorotka i ma wadę słuchu – wyjaśniła pani.

Dorotka bardzo źle słyszała i rodzice poszli z nią do lekarza. Okazało się, że dziewczynka ma chore uszy i dlatego prawie nic nie słyszy. Na szczęście Dorotce założono specjalne urządzenie – aparat słuchowy. Dzięki niemu dziewczynka może słyszeć prawie tak dobrze, jak zdrowe dzieci.

– Nie widziałem jej wcześniej w przedszkolu – powiedział Michał.

Pani wyjaśniła dzieciom, że Dorotka przeniosła się z innego przedszkola. Przedszkolaki postanowiły poznać nową koleżankę i wspólnie się z nią pobawić.

Wielkanoc w przedszkolu

Dziś w przedszkolu dzieci przygotowywały się do nadchodzących Świąt Wielkanocnych. Mamy upiekły dla przedszkolaków przepyszne mazurki. Pani Anetka podzieliła dzieci na grupy i ogłosiła konkurs na najładniej ozdobiony mazurek. Dzieci zaczęły układać na mazurkach rodzynki oraz orzechy, migdały i suszone owoce. Takich pięknych ciast aż szkoda jeść! Pani Anetka nie mogła się zdecydować, który mazurek jest najpiękniejszy, więc wygrali wszyscy. Przedszkolaki bardzo się ucieszyły i każdy mógł spróbować po kawałku ciasta. Następnie dzieci zabrały się za dekorowanie pisanek.

– Ojej! Moja pisanka pękła – zawołała Agatka.

– Nic się nie stało – powiedziała pani Anetka i dała dziewczynce drugą.

 Wydmuszki są bardzo delikatne, składają się z samej skorupki. Można je ozdabiać na wiele sposobów. Niektóre dzieci malowały pisanki farbami, inne oklejały je kolorową wełną, a jeszcze inne rysowały na nich wzorki flamastrami.

– Proszę pani, Michał oblał mnie wodą! – poskarżyła się Kasia.

– Michałku, śmigus dyngus będzie dopiero w poniedziałek – powiedziała pani Anetka.

A dzieci nie mogą się już doczekać lanego poniedziałku. To bardzo zabawna tradycja. Wtedy wszyscy oblewają się wodą. Wielkanoc to jedno z najprzyjemniejszych świąt, jakie obchodzimy.

Mokra przygoda

Po zjedzonym obiadku dzieci udały się na małą drzemkę. W czasie leżakowania każdy grzecznie spał na swoim łóżeczku. Pani Anetka przygotowała w tym czasie zabawy dla swoich podopiecznych. Gdy tylko przedszkolaki się wyspały, wszyscy usiedli na dywanie. Pani włączyła odtwarzacz i dzieci zaczęły śpiewać piosenkę o słoneczku. Później było trudniejsze zadanie. Trzeba było odgadnąć, jakie zwierzę wydaje taki odgłos...

– Muu, muu – rozległo się muczenie z odtwarzacza. Wszyscy wiedzieli, że to na pewno krówka.

– Ko, ko, ko – dzieci odgadły, że to było gdakanie kury.

Nagle Kasia zauważyła dużą mokrą plamę na dywanie i powiedziała o tym pani Anetce. Dziewczynka myślała, że może pada deszcz, dach przecieka i zrobiła się kałuża.

– Proszę pani, to Wojtek się zsiusiał w majtki – zawołała Ola.

– Faktycznie, zsiusiał się, ma całe spodnie mokre – dopowiedział Michał.

Pani Anetka wyjaśniła dzieciom, że Wojtuś jest najmłodszym przedszkolakiem i czasami jeszcze mu się zdarza zapomnieć, że siusiu robimy na nocniczku. Pani pomogła Wojtkowi przebrać się w suche ubranie. Inne dzieci przypomniały sobie, jak same były jeszcze małe i każdemu wiele razy zdarzyło się zsiusiać w majtki.

– Nie martw się, Wojtusiu, każdemu się zdarza – powiedziała Agatka do zawstydzonego chłopczyka.

Dzieci zaprosiły Wojtka do wspólnej zabawy, żeby mu nie było smutno. Pod koniec dnia wszyscy już dawno zapomnieli o tej mokrej przygodzie...

Podróż do Francji

Wczoraj pani zapytała dzieci, gdzie najbardziej chciałyby pojechać na wycieczkę. Odpowiedzi były bardzo różne. Kasia chciałaby pojechać na tropikalną wyspę, Michał stwierdził, że najlepsza będzie wyprawa na Marsa, Tomek zaś marzył, żeby popłynąć statkiem po oceanie.

Pani Anetka w zeszłe wakacje była we Francji. Postanowiła więc zabrać dzieci w podróż po Francji, ale taką na niby, która odbędzie się tu, w przedszkolu. Każde dziecko, z pomocą rodziców, miało przygotować coś

 związanego z kulturą Francji. Pani Anetka przyniosła do przedszkola różne rodzaje sera do spróbowania. Francuzi bardzo lubią jeść sery. Mama Agatki upiekła pyszne rogaliki z czekoladą. Kasia przyniosła płytę z francuskimi piosenkami.

– Proszę pani, proszę pani, a Michał przyniósł słoik ze ślimakami – poskarżyły się dziewczynki.

– Bo wy nie wiecie, że tam jedzą ślimaki – powiedział Michał i wyjął jednego ze słoika, chcąc poczęstować przysmakiem koleżanki.

Pani Anetka wyjaśniła wszystkim, że to prawda, że Francuzi jedzą ślimaki, a nawet żaby. Ale specjalnie przygotowane. Po spróbowaniu francuskich frykasów dziewczynki zaprezentowały pokaz mody. Paryż – stolica Francji – to też światowa stolica mody! Później dzieci posłuchały francuskich piosenek. Pani Anetka przyniosła zdjęcia z podróży do Francji, aby

 pokazać je przedszkolakom. Dzieciom najbardziej podobała się wieża Eiffla. Widać z niej było całe miasto! Francja to piękny kraj! Na całym świecie jest tyle miejsc, które warto zobaczyć...

Urodziny

Agatka obchodzi dzisiaj piąte urodziny. Z tej okazji wyprawiła w przedszkolu przyjęcie. Dziewczynka zaprosiła na urodziny koleżanki i kolegów. Kiedy dzieci zaczęły głośno śpiewać: „sto lat, sto lat, niech żyje, żyje nam", rodzice Agatki wnieśli na salę przepyszny tort czekoladowo-waniliowy. Na torcie paliło się pięć świeczek.

– Dalej, Agatko, musisz wszystkie zdmuchnąć, ale najpierw pomyśl życzenie! – powiedziała pani Anetka.

– Bardzo chciałabym mieć pieska – pomyślała dziewczynka i zdmuchnęła świeczki.

Na urodziny został też zaproszony gość specjalny – klaun Zuzek. Ależ śmiechy rozległy się na sali, kiedy klaun zaczął żonglować piłeczkami. Potem odbyło się wielkie przedstawienie i klaun udawał, że jest

uwięziony w skrzyni. Później chodził na szczudłach, a to bardzo trudna sztuka. Dzieci były zachwycone. W końcu nadeszła pora na rozpakowanie urodzinowych prezentów. Agatka dostała pluszowego misia, puzzle z kotkami, nowy piórnik na kredki, farmę ze zwierzętami i mnóstwo innych wspaniałych prezentów. Dziewczynka, rozpakowując kolejny prezent, zobaczyła piękną lalę. Ale niestety, już miała w domu taką samą. Nawet kłóciła się z młodszą siostrą, kto będzie się nią bawić.

– Jaka piękna lala – powiedziała dziewczynka – bardzo dziękuję. – Agatka zachowała się bardzo ładnie. Gdyby powiedziała, że już ma taką samą lalę, komuś, kto ją kupił, zrobiłoby się przykro. Dziewczynka pomyślała, że odda lalę siostrze i będą bawić się razem. Przyjęcie urodzinowe bardzo się udało. Agatka zadowolona wróciła do domu.

Dzień Ziemi

Pewnego razu pani Anetka powiedziała dzieciom, że jest właśnie Dzień Ziemi. A jak się miewa nasza planeta? O tym nasze przedszkolaki mogły się dowiedzieć, oglądając specjalny film edukacyjny. Nawet nie wiecie, ile jest na świecie fabryk! Zanieczyszczają one powietrze i całą Ziemię. Ludzie też nie dbają o środowisko, zaśmiecają trawniki i lasy. A przecież i ludziom, i zwierzętom przyjemniej się żyje na czystej planecie!

– Proszę pani, a co my możemy zrobić dla Ziemi? – zapytały z troską dzieci.

Po obejrzeniu filmu wszystkie przedszkolaki bardzo chciały zadbać o środowisko. Pani Anetka powiedziała, że warto zacząć od oszczędzania światła. A to taka prosta rzecz, wystarczy wyłączyć światło, gdy wychodzimy z pokoju. Wodę też warto oszczędzać

i zakręcać kran, gdy się myje zęby. Najważniejsza sprawa to nie śmiecić. Niepotrzebne rzeczy należy wrzucać do śmietnika. Przedszkolaki obiecały,

że będą przestrzegać tych prostych zasad.

– A teraz nauczymy się segregować śmieci – powiedziała pani Anetka. Przyniosła dzisiaj specjalnie dla przedszkolaków kilka szklanych butelek, plastikowe pudełka i stare gazety. – Niech każdy teraz zapamięta: do zielonego pojemnika wrzucamy szkło, do żółtego – plastik, a do niebieskiego – papier.

Maluchy posegregowały śmieci, a dzięki temu powstaną z nich wkrótce nowe rzeczy. W ten sposób każdy może zacząć dbać o środowisko.

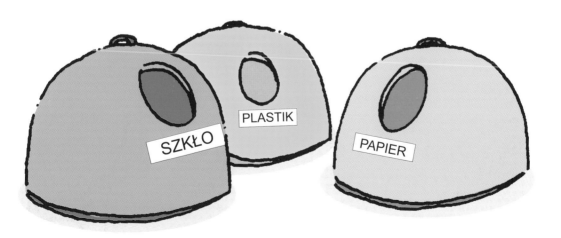

Wycieczka do zoo

W słoneczną pogodę koniecznie trzeba wybrać się na wycieczkę! Przedszkolaki razem z panią wyruszyły dzisiaj do zoo. Nie ma nic wspanialszego, niż poznać wiele egzotycznych zwierząt. Po ogrodzie zoologicznym oprowadzi przedszkolaki pani przewodniczka, wielka miłośniczka zwierząt.

– Witam was, drogie dzieci. Pamiętajcie, aby nie śmiecić w zoo. Nie dokarmiajcie też zwierząt, bo one jedzą co innego niż wy. Zobaczycie dzisiaj różne zwierzaki: słonie, małpy, węże, ptaki – powiedziała pani przewodniczka i zaczęło się zwiedzanie.

W małpim gaju trwało dzisiaj zamieszanie. Dwa szympansy pokłóciły się o banana! Mniejszy z nich nie miał szansy na wygraną.

A dalej, gdzieś na skale, wygrzewała się lwica, obserwując bawiące się lwiątka. Jeden hipopotam leniwie pluskał się w basenie, a drugi urządził sobie drzemkę na trawie. Niedaleko spacerowała żyrafa, zjadając liście z drzew. Widać, że bardzo jej smakowały. Niestety, okazało się, że w zoo zachorował tygrys. Dzieci bardzo się zmartwiły.

– Czy możemy coś zrobić dla tygryska? – zapytały dzieci.

– Możecie się tygrysem zaopiekować, adoptując go – odpowiedziała pani.

– Bardzo chcemy – odpowiedziały przedszkolaki. – Ale jak możemy to zrobić?

– Porozmawiajcie o tym z rodzicami – poradziła im przewodniczka.

Po powrocie do domu każde dziecko zapytało rodziców, czy chcieliby pomóc w opiece nad tygrysem. Wszyscy wyrazili zgodę i od tej pory przedszkole przysyła pieniądze na jedzenie i leki dla tygrysa Leona. W niedziele dzieci z rodzicami często go odwiedzają. Dzięki pomocy przedszkolaków tygrys ma się coraz lepiej i jest największą atrakcją w ogrodzie zoologicznym.

Nocne strachy

Agatka nie mogła zasnąć dzisiejszej nocy. Niby wszystko było jak zawsze. Mama przeczytała jej bajkę, zgasiła światło i pocałowała na dobranoc. Jednak, gdy tylko dziewczynka zamykała oczy, zaczynała się bać. Słyszała jakieś szelesty i stukanie. W ciemności nawet miś siedzący przy stoliku z lalkami wydawał się jakiś ponury. Na podłodze przesuwały się cienie drzew, które rosły za oknem.

– Strasznie tu – szepnęła dziewczynka.

Agatce wciąż się wydawało, że jakiś potwór schował się w szafie albo pod łóżkiem. Dziewczynka leżała nieruchomo i udawała, że śpi. Wtedy potwór przecież jej nic nie zrobi. Nagle znów dało się słyszeć jakieś stukanie. Najwyższa pora zawołać rodziców, może uda im się wypędzić te potwory.

– Mamo, tato, na pomoc! – krzyknęła Agatka.

Rodzice szybko przybiegli do jej pokoju.

– Co się stało? – zapytali.

– Pod moim łóżkiem i w szafie są potwory – powiedziała z płaczem dziewczynka.

Mama zajrzała pod łóżko, ale nic tam nie było. Tata otworzył szafę i prócz ubrań Agatki niczego tam nie znalazł.

– Znów opowiadaliście sobie straszne historie w przedszkolu? – zapytała podejrzliwie mama.

To prawda. Tego dnia dzieci opowiadały sobie mroczne historie. To była taka zabawa. Dlatego Agatka nie mogła zasnąć. Wyobraźnia płatała jej figle. Bo przecież potwory i inne strachy nie istnieją.

Mali odkrywcy

Świat kryje w sobie wiele tajemnic. Za pomocą nauki i eksperymentów możemy wyjaśnić niektóre z nich. Dziś dzieci zabawią się w małych naukowców. Przedszkolna sala wygląda jak pracowania naukowca! Na stoliku pani Anetka poustawiała szklane naczynia i dwie miski na wodę. Przygotowała też skrawki papieru i nadmuchane balony. Ciekawe, co się dziś wydarzy! Na początek eksperyment z lodem. Pani wlała do jednej miski gorącą wodę, do drugiej zimną. Dzieci zaś wrzucały do misek kostki lodu. Nad pierwszą miską zaczęła unosić się para i lód bardzo szybko stopniał! W drugiej misce kostka lodu roztapiała się bardzo wolno.

Później dzieci sprawdzały, co unosi się na wodzie. Każdy kładł na powierzchnię wody wybrany przedmiot. Okazało się, że kawałek drewienka unosił się na wodzie, a metalowa temperówka od razu utonęła.

Następnie pani Anetka potarła balonem o swoją spódnicę i przykleiła balon do ściany.

– Jak pani to zrobiła? – zapytał Michał.

– Pani jest prawdziwym magikiem – dodały Agatka z Olą.

Balon po prostu się naelektryzował. Gdy pani Anetka przyłożyła balon do włosów Kasi, one stanęły dęba! Dzieci zaczęły same robić doświadczenia z balonami.

Było bardzo śmiesznie.

Dzisiejsze eksperymenty zaciekawiły przedszkolaków. Wszyscy chcieli powtórzyć poznane doświadczenia w domu.

Dziwna choroba

Pusto dziś w przedszkolu, połowa dzieci nie przyszła. Podobno wszyscy są chorzy! A jeszcze tydzień temu wszyscy byli zdrowi i radośnie bawili się w przedszkolu. Dzieci postanowiły pobawić się w sklep.

– Gdzie jest Agatka? – zapytała Ola. – Ona zawsze jest sprzedawczynią.

– Podobno Agatka ma wszędzie jakieś kropki i nie mogła dzisiaj przyjść – wyjaśniła Kasia.

Następnego dnia nie było już Tomka i Michasia. Też mieli te dziwne kropki. Gdy Ola wróciła do domu, poczuła, że jest jej bardzo gorąco. Mama zauważyła, że dziewczynka ma na policzkach czerwone kropki.

Zabrała córeczkę do lekarza. Okazało się, że to dziecięca choroba, zwana ospą. Kropki bardzo swędziały i dziew- czynka wciąż się drapała. Na szczęście pan doktor przepisał maść, po której kropki robiły się coraz mniejsze. Ola w końcu wyzdrowiała i mogła wrócić do przedszkola. Dziewczynka trochę się wstydziła, bo po kropkach zostały jej strupki.

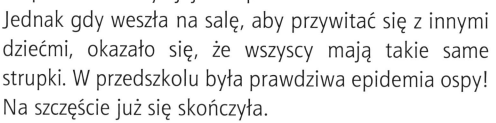

Jednak gdy weszła na salę, aby przywitać się z innymi dziećmi, okazało się, że wszyscy mają takie same strupki. W przedszkolu była prawdziwa epidemia ospy! Na szczęście już się skończyła.

– Karolinko, czemu nie masz strupków? Przecież też byłaś chora – zapytała Agatka.

– Ja miałam ospę już wcześniej, a na to choruje się tylko raz. Teraz miałam świnkę – odpowiedziała ze śmiechem Karolinka.

– Świnkę? I co? Robiłaś chrum, chrum? – spytał Michaś podejrzliwie.

– Świnka jest wtedy, jak ucho boli – odparła przejęta dziewczynka.

Wszystkie dzieci złapały się nagle za uszy. Na szczęście nikogo ucho nie bolało. Co za ulga. Wszyscy są zdrowi.

Kim zostanę w przyszłości?

Kim zostanę w przyszłości, kiedy już będę dorosły? Co jakiś czas każdy przedszkolak się nad tym zastanawia, bo to przecież poważna sprawa! Nasi rodzice już dawno wybrali zawód. Dziś w przedszkolu niektórzy z nich opowiedzą o swojej pracy. Może kiedyś dzieci pójdą w ich ślady? Kto to wie... Mama Bartka pracuje jako weterynarz, bo bardzo lubi pomagać zwierzętom. Ostatnio wyleczyła pieska, który miał chorą nogę i zrobiła opatrunek kanarkowi, który złamał skrzydło. Tata Oli jest strażakiem. Kiedy wybucha pożar, wsiada on do czerwonego wozu strażackiego i czym prędzej jedzie ugasić szalejący ogień. To bardzo odpowiedzialna praca. Mama Agatki jest aktorką w teatrze. Gra w sztukach teatralnych dla dorosłych i w przedstawieniach dla dzieci. Agatka też chciałaby zostać aktorką i zagrać w filmie. Na pewno nie zgadniecie, czym

zajmuje się tata Michała. To bardzo trudny zawód. Tata Michała jest pilotem i steruje samolotami. Lata do różnych krajów: do Francji, do Anglii, do Chin. To musi być wielka przygoda!

– A wy, przedszkolaki, wiecie już, kim zostaniecie w przyszłości? – zapytała pani Anetka.

– Ja zostanę piłkarzem – odpowiedział Bartek.

– A ja chcę być strażakiem i gasić pożary, jak tata Oli – powiedział Michał.

– Ja chciałabym być piosenkarką – stwierdziła Kasia.

– A ja zostanę rybakiem i złowię złotą rybkę, która spełni moje trzy życzenia – powiedziała Basia.

– Oj, Basiu, Basiu, ty to masz wyobraźnię. Powinnaś zostać pisarką i pisać bajki dla dzieci – powiedziała pani Anetka, uśmiechając się do dziewczynki.

Przedszkolaki na szczęście mają jeszcze dużo czasu, aby zastanowić się nad tym, kim zostaną w przyszłości...

Dzień Mamy i Taty

Rodzice opiekują się nami cały rok. Mama gotuje pyszne obiady, a tata zawsze wszystko potrafi naprawić. Rodzice chodzą z nami na spacery, zabierają nas do kina, na basen, na festyny. Gdy jest nam smutno, próbują nas rozweselić. Dnia 26 maja obchodzimy Dzień Mamy, a 23 czerwca – Dzień Taty. Dzieci postanowiły zrobić rodzicom niespodziankę. Z okazji ich święta w przedszkolu odbędzie się specjalnie przygotowana dla rodziców uroczystość. Dzień wcześniej każdy wręczył mamie i tacie własnoręcznie robione zaproszenie.

– Kochani rodzice, za wszystko wam bardzo dziękujemy – zaczęły recytować chórem dzieci.

Potem przedszkolaki zaśpiewały piosenkę o mamie, która ciągle się uśmiecha i potrafi we wszystkim pomóc. Nie mogło też zabraknąć piosenki o tacie, który zimą zabiera dzieci na sanki, a latem – na wycieczki rowerowe. Po występie każde dziecko wręczyło swojej mamie kwiatki, a tacie – piękne laurki. Wszyscy rodzice byli bardzo wzruszeni. Okazało się, że też przygotowali dla dzieci niespodziankę! Odbyło się teraz przedstawienie, w którym każdy rodzic udawał swoje dziecko.

– Mamo, mamo, gdzie jest moja lalka? – odezwała się mama Agatki.

– Nie będę jeść brukselki! – krzyknął tata Michała.

– Proszę, proszę, kup mi tego misia – zawołała mama małej Oli.

Przedszkolaki zaczęły się śmiać. Rodzice byli bardzo zabawni, starając się udawać własne dzieci. Na koniec każdy został zaproszony na mały słodki poczęstunek. Uroczystość z okazji Dnia Mamy i Dnia Taty była bardzo udana.

Patrzymy przez lupę

Czy zastanawialiście się kiedyś, jak wygląda świat z lotu ptaka? Wszystko pewnie wydaje się bardzo małe: domy, samochody, ludzie. A świat widziany okiem mrówki? Dla niej wszystko jest ogromne! Nawet trawa, kwiatek czy kamień. Dla mrówki człowiek musi być jakimś przerażającym olbrzymem. Pani Anetka przyniosła dzisiaj do przedszkola lupę.

– A co to jest lupa? – zapytała Agatka.

– Detektyw jej używa, żeby odnaleźć ślady – powiedział Michaś.

Pani Anetka wyjaśniła, że lupa służy do tego, aby móc oglądać różne przedmioty w powiększeniu. To prawda, że w książkach i filmach występują detektywi, którzy noszą przy sobie lupę. Dzięki temu dostrzegają ślady, których nikt nie zauważył gołym okiem. Przedszkolaki postanowiły spojrzeć dzisiaj na podwórko oczami mrówki. Najpierw wszyscy oglądali w powiększeniu trawę. Okazało się, że zbudowana jest z wielu zielonych paseczków. Później dzieci patrzyły przez lupę na kwiatki. Było widać ziarenka kwiatowego pyłku i wielkie pręciki.

– Proszę pani, proszę pani, jaki ogromny pająk! – zawołały przestraszone dziewczynki.

– Kasiu, Olu, patrzycie na niego przez lupę. Przecież tak naprawdę jest bardzo mały – powiedziała pani Anetka.

To prawda, pajączek był niegroźny, ale widziany przez

lupę wyglądał przerażająco. Trudne życie musi mieć taka mrówka. Tyle niebezpieczeństw dookoła. Lecz czy życie słonia jest łatwiejsze?

Wakacje

Już niedługo wakacje! Na dworze jest gorąco, a najlepsza na upał jest kąpiel w morzu. Rodzice wzięli w pracy urlop i lada dzień zabiorą swoje dzieci na wymarzone wakacje. Pani Anetka też musi trochę odpocząć i wyjechać gdzieś z rodziną.

Dziś jest ostatni dzień w przedszkolu. Dzieci przyszły odświętnie ubrane. Ostatniego dnia nie ma już czasu na zabawę. Najpierw pani dyrektor poprowadziła uroczystość. Życzyła wszystkim przedszkolakom udanych i bezpiecznych wakacji. Później dzieci odbierały specjalne dyplomy z okazji ukończenia tego roku w przedszkolu. Dodatkowo każdy otrzymał książeczkę z obrazkami o dalekich podróżach. W sam raz na wakacje!

– Gdzie wybieracie się na wakacje? – zapytała swoich podopiecznych pani Anetka.

Agatka jedzie do babci, która mieszka na wsi. Tomek z rodzicami wyjeżdża w góry. Michaś wybiera się nad morze, bo bardzo lubi się kąpać. Ola spędzi te wakacje u cioci, która mieszka we Włoszech.

– A ja bym chciała zostać jeszcze trochę w przedszkolu i bawić się z dziećmi – zawołała Karolinka.

Pani Anetka powiedziała Karolince, że na wakacjach na pewno pozna nowe koleżanki i kolegów. Agatkę, Olę, Tomka i Michasia zobaczy przecież już za dwa miesiące. Pani zaproponowała, aby dzieci wysłały do siebie kartki pocztowe z miejsca, w którym spędzą wakacje. Rodzice na pewno pomogą je wypisać. A teraz witaj, przygodo! Jedziemy na wakacje!

Tekst: Ewa Stolarczyk, Sylwia Stolarczyk
Ilustracje: Maciej Maćkowiak
Skład, przygotowanie do druku, projekt okładki: Renata Ulanowska
Redakcja: Elżbieta Wójcik
Korekta: Natalia Kawałko

Wydanie I

Wydrukowano w Polsce

Wydawnictwo SBM Sp. z o.o.
ul. Sułkowskiego 2/2
01-602 Warszawa
www.wydawnictwo-sbm.pl